AF276678

El gol de Iniesta y otros éxitos radiofónicos

El gol de Iniesta y otros éxitos radiofónicos

Antonio Revert Lázaro

EDICIONES
Aguere

EDICIONES
IDEA

Colección dirigida por: Ánghel Morales García
Directora de arte: Sara Hernández

El gol de Iniesta y otros éxitos radiofónicos

Primera edición: 2024
© De la edición: Ediciones Idea, 2024
Ediciones Aguere, 2024
© Del texto: Domingo Acosta Felipe
© De la portada: Imagen generada con IA (Adobe Firefly)

Ediciones Idea
• San Clemente, 24. Edif. El Pilar.
38002, Santa Cruz de Tenerife.
Tel.: 922 532 150
Fax: 922 286 062

• León y Castillo, 39 - 4º B
35003 Las Palmas de Gran Canaria.
Tel.: 928 373637 - 928 381827
Fax: 928 382196
correo@edicionesidea.com
www.edicionesidea.com

Ediciones Aguere
• Tribulaciones, 23
38001, Santa Cruz de Tenerife.
Tel.: 922 288 724 / 676 863 442
nacioncanaria@hotmail.es

Fotomecánica e impresión: Gráficas Tenerife S.A.
Impreso en España - Printed in Spain.
ISBN: 978-84-19681-55-3
Depósito Legal: TF 82-2024

No se permite la reproducción total o parcial de este libro ni su incorporación a un sistema informático, ni su transmisión en cualquier forma o por cualquier medio, sea este electrónico, mecánico, por fotocopia, por grabación u otros métodos, sin el permiso previo y por escrito de los titulares del copyright. La infracción de los derechos mencionados, puede ser constitutiva de delito contra la propiedad intelectual (Arts. 270 y siguientes del Código Penal).

En memoria de Lucy, sueño cumplido de mi infancia, que nos mostró el camino, de la que tanto aprendimos, a la que quisimos tanto y que se nos fue demasiado pronto, como siempre pasa con todos los perros (con todos los animales), para lo diminuto de nuestras pobres mentes de pobres seres humanos.

Introducción: cantar para activar la lluvia. La poesía resistente de Antonio Revert

Si para el fascismo el deporte era una pieza básica con la que asentar y consolidar las bases del estado totalitario, para el capitalismo neoliberal, tan terriblemente democrático, ha resultado ser, en concreto el fútbol (Villalobos Salas, 2020), una herramienta perfecta para levantar eso que Byung-Chul Han (2018) llama la sociedad del rendimiento. Una nomenclatura tan recurrente hoy como 'trabajo en equipo', 'compromiso', 'competitividad', 'crecimiento' forman parte del discurso tanto empresarial como futbolístico y ha calado en profundidad en el imaginario colectivo, incapaz ya de distinguir límites y diferencias. Conceptos que empapan también la literatura pedagógica y que han convertido a las escuelas en fábricas de mano de obra barata, arrinconado el conocimiento en beneficio de eso que llaman las competencias-clave (competencias *para qué* y clave *para quién*). La obsesión contemporánea por el deporte es otra de las materializaciones del neoliberalismo posmoderno, capaz de adueñarse no sólo de los sueños de los individuos, sino también de sus propios cuerpos, máquinas ahora que deben estar siempre en forma, es decir, rindiendo debidamente.

No descubrimos, desde luego, nada nuevo, pero sí que nos parece necesario recordarlo a la luz de un título como *El gol de Iniesta y otros éxitos radiofónicos*, este nuevo libro de Antonio Revert Lázaro (Granada, 1974). Cómo no rememorar aquel mundial de 2010 y el *Iniesta de mi vida* de José Antonio Camacho, y cómo olvidarnos de esa vida (qué cosas) que acababa de sufrir uno de los mayores varapalos económicos con los recortes a los sectores públicos que había llevado a cabo el gobierno de José Luis Rodríguez Zapatero. La crisis económica de 2008 se llevaba casi todo por delante: sueños, esperanzas y trabajo. En una España desangrada, el gol de Andrés Iniesta se convirtió en un clavo ardiendo para la resistencia y, más que nada, para la anestesia de todo un país que se agarró a una bandera, al "a por ellos" y a los chistes de Pepe Reina. De las ruinas de un Estado que de bienestar tenía bien poco se construyó un nacionalismo casposo de botellín y cacahuetes que se impuso en las tertulias, en los bares y en los chiringuitos de las playas y que ha durado años porque no había nada más de lo que presumir. Iniesta es nuestro Cid campeador contemporáneo, capaz de llevar a la victoria a un país muerto, asaeteado por la misma Alemania a la que derrotó Carles Puyol con su gol de cabeza. Épica y fútbol, por tanto, para construir una imagen de país decadente que sigue todavía gozando de muy buena salud.

Este nuevo libro de Antonio Revert profundiza en las líneas temáticas que dejara apuntadas en publicaciones anteriores como *Diego contra la oscuridad* (factoríadelarte, 2014), *Mobiliario básico* (Ediciones En Huida, 2018) y *Rutina de volar* (Ediciones En Huida, 2019), pero, sobre todo, supone la consolidación de un posicionamiento ético absolutamente integrado en la llamada poesía de la conciencia crítica, una corriente estética en la que tienen cabida, como señala Alberto García-Teresa, las poéticas conflictocéntricas, es decir, aquellas que sitúan el conflicto que atraviesa la actual coyuntura histórica en el centro y eje (implícita y explícitamente) de la creación poética, manifestándolo de una manera crítica. Esta interiorización lírica del conflicto coagula en toda una serie de prácticas poéticas y estéticas que se yerguen frente a la omnipresencia del discurso (también poético) dominante y logran abrir nuevos espacios para la disidencia, la experimentación y la creación de un pensamiento y una palabra poética distintos.

Cinco son las partes que componen este nuevo libro: 1 – Radio Clásica: "De cuando leí a Eckhart Tolle" (17 poemas), 2 – Radio 3: "Objetos perdidos" (16 poemas), 3 – Los Cuarenta Principales: "Ensalada tibia de centrismo sobre lecho de clase obrera (*intermezzo alla breve*)" (4 poemas), 4 – M80: Niños y niñas, señoras y señores" (17 poemas) y 5 – "Insularidades: tres folías últimas de la radio local (*bonus track*)" (3 poemas).

La primera parte gira en torno a la oposición ruido (distorsión) / comunicación. Las distintas representaciones plantean la dificultad contemporánea de discernir entre lo accesorio y lo relevante. Los ruidos de la vida diaria condicionan a un sujeto alienado y perdido en el discurso impuesto por los medios de comunicación, como leemos en el poema "T.V.": *Apretando un botón de madera / se clonan millones de mentes. // Los campos siguen vacíos*. Es el *Ruido. Ruido. Ruido. Ruido. Ruido. / Ruido. Ruido. Ruido. Ruido. Ruido* que aleja a los individuos, cada vez más solos, en la sociedades posmodernas, por eso en "PÓSIT DE TU YO" la voz poética dice *Necesito hablar contigo. // Escúchame. // No habrá paz para ti / mientras te alejes*. El lector podrá comprobar cómo los textos están llenos de campanas mudas (*Campanas mudas, / ciervos desangrándose*), incapaces de comunicar, y de aves surcando el viento (golondrinas, cormoranes) también como materializaciones de lo inmóvil y de lo vivo. Se produce, pues, un desplazamiento muy interesante desde esa misma oposición que señalábamos hace un momento y que ahora se configura como vida en la ciudad/vida en el campo, como si el éxodo a las ciudades hubiera supuesto no sólo la pérdida de una vida tranquila, sino la de una forma de comunicarnos y entendernos: *Todo esto sucede cada día, / impunemente, / desde que el ser humano / se fue a vivir a la ciuda*d o *Ya nadie escucha el clamor diario, / todo lo llena el estruendo / de los tedios ciudadanos enlazados, / gavilla efímera de vacío*s. Los olores de la colada en las azoteas de los viejos pueblos chocan con el del cemento en la gran ciudad. El viento del campo sanea lo que los patios interiores aturden con sus muros asfixiantes: *El viento interpreta con sábanas / canciones de cuna y valses*. Y es este aire desenfadado el que culmina esta primera parte del libro: *Derribar muros, / cantar. / Todo vibra. / El roce del aire / es el badajo del tiempo*. Lo aéreo es fundamental para comprender todo este viaje. Es esa ascensión ética de la que hablaba Bachelard, porque es desde la región aérea desde donde es posible la canción (exhalación), la libertad y la alegría. Es el lugar de la elevación, del vuelo libre de las aves, el canal por el que se transmite un mensaje verdadero, hasta tal punto que, ahora sí, las campanas ya no están enmudecidas.

La segunda sección, "Radio 3: objetos perdidos", comienza con un texto fundamental que va a orientarnos en la lectura de estos 16 poemas. *Si te queda tiempo / después / de trabajar / dormir / producir / obedecer/ parlotear / codiciar / ansiar / envidiar / criticar / anticipar / recordar / juzgar / almacenar / comprar, / si te queda tiempo: / enciende la luz. / Aunque te duela nacer. / Enciende la luz.* Las sociedades neoliberales o tardocapitalistas ya no son formaciones sociales disciplinarias, sino de rendimiento, como sostiene Byung-Chul Han. Ya no se trata de obedecer al otro por temor, represión o miedo, sino de, voluntariamente, producir y autoproducirse, es decir, ser empresario de uno mismo. La coerción externa de otro tiempo es ahora reemplazada por la autocoerción, que se hace pasar por libertad. La sociedad del rendimiento es, por tanto, una sociedad de la autoexplotación. La competitividad se convierte en valor supremo y el ciudadano en productor y consumidor, incluso de sí mimo, como podemos ver en el poema "Sábados": *Por eso – y por más cosas - / un centro comercial en sábado / es el último rescoldo / de todo lo que éramos: / caricatura de las alas perdidas, / mueca silenciosa de sepelio. / Macabro rito de aceptación. // El lunes te espera ya con su sonrisa.* Competir y rendir, además, deshumanizan y separan a los individuos, como leemos en "Calles vacías (canto obrero para un final de capítulo)": *Yo acuso / tú acusas / él acusa / nosotros acusamos / vosotros acusáis / ellos se descojonan.*

Lo que articula en conjunto toda esta segunda parte es una crítica al llamado fascismo de baja intensidad, caracterizado, como señala Méndez Rubio (2017: 52-53), por la desaparición del espacio público, la neutralización de la información como propaganda y publicidad (cuando no mero entretenimiento), la invisibilización del otro y la producción de pobreza a gran escala, elementos todos que sostienen un orden social auto-concebido como régimen incontestable, como imperativo de control, angustia y violencia normalizada. Así, los medios de comunicación al servicio del poder se convierten en herramienta necesaria para el control y manejo de las masas, como leemos en "Donald Trump y tú ante el espejo": *EEUU: una inmigrante latina / votando por Trump / a favor está de deportar / a once millones de inmigrantes. // ESPAÑA: un trabajador en paro, / dice "somos culpables de la crisis". / "Hemos vivido por encima / de nuestras posibilidades", apostilla. // El lobo se frota las manos. // Es de noche.* Vemos, incluso, cómo se evidencia ese "despotismo comunicativo" del que habla Perniola (2017: 37), esto es, cómo esa fascinación tecnológica por los nuevos dispositivos de comunicación puede estar convirtiéndose en un mecanismo autoritario de ensimismamiento inercial, como en el poema "Solución habitacional":

Abre la escotilla de tu casa, / que entre el agua / y podáis miraros a los ojos / mientras se hunde todo lo que sois. // Levanta los brazos. / Con el móvil agarrado / manotea buscando cobertura. / Podría entrar, sí, / podría llegar / justo ahora / el último mensaje de WhatsApp. La producción de la pobreza a gran escala se convierte en el eje de dos textos tan significativos como "El gol de Iniesta" y "Los abdominales de Cristiano Ronaldo". El fútbol como instrumento de distracción, el pan y circo posmodernos, pero también la estética narcisista del sexo y la belleza del cuerpo, un *corpore sano* desvinculado de la *mens sana*, arrinconada y casi olvidada.

La tercera parte, "Los Cuarenta Principales: ensalada tibia de centrismo sobre lecho de clase obrera (*intermezzo alla breve*)" es, más que una declaración de intenciones (que también), una poética en toda regla. Aun siendo más breve que las anteriores secciones, es, a la vez, decisiva. El posicionamiento ideológico del poeta es fundamental para cualquier quehacer poético, puesto que hablar de poesía no es únicamente hablar de un texto poético, sino también especificar desde dónde se escribe dicho texto y si persigue o no crear o ampliar espacios de libertad tanto para el escritor como para los lectores. Los poemas señalan y escogen y ese señalamiento, como ha repetido tantas veces Enrique Falcón, presupone una elección, un ponerse a un lado que no es sino un gesto absolutamente político. Como señala García-Teresa (2017), siempre se dice y se escribe para algo y, sobre todo, desde un lugar. La poesía antagonista, contestataria, inconformista con el sistema se escribe desde abajo, desde el conflicto y la lucha de clases, para así dejar testimonio, generar revelaciones y reconstruir vínculos entre los individuos. Sólo así será capaz de desarrollar empatía y memoria, y dejar constancia de otra manera de estar en el mundo. Por tanto, posicionarse contra la tibieza será imprescindible para la labor vital y poética de Antonio Revert, que escribe en "De la poesía y el compromiso (cuento)" versos como los que siguen, tan decisivos, tan contundentes: P*orque no hay poeta inocente / ni marquesinas a tu alcance / cuando empuñas un bolígrafo. // Por eso conviene que te preguntes / sobre qué campos caen tus versos; / qué terreno estás regando con tu tinta. // Escribir poemas es activar la lluvia / y no llevar nunca paraguas.*

En "Radio ochenta: niños y niñas, señoras y señores", la cuarta parte, Revert despliega una dura crítica contra la razón neoliberal a partir del cuestionamiento del sistema educativo, como había apuntado ya en libros anteriores. La gran victoria del capitalismo reside en su consideración de normalidad por parte de la gente, es decir, una gran mayoría de individuos ve como "normal" y "natural" el modo de vida capitalista. Para que ello haya sido posible, la imposición de esta visión del mundo tiene que llevarse a cabo desde las edades más tempranas: *Hoy, tiernos gladiadores de patio, / precaristas en potencia, / aprendiendo a pelear con el de al lado; / mañana, trabajadores arrojados / al tatami del libre mercado. // Codazo. Codazo. Codazo. / Mientras pugnan, bueyes ciegos, / por un salario en miniatura / y por un sábado libre al mes, / no se preguntan jamás / quién les robó las redes, / transformando en adversaria / a su querida compañera de clase.* La escuela es hoy una fábrica de analfabetos funcionales y de mano de obra barata en donde el saber ha sido sustituido por el hacer, que es precisamente lo que lleva pidiendo desde hace muchos años la OCDE. Evidentemente, no es raro que el colectivo empresarial manifieste el perfil que desea (personal poco cualificado y entrenado en habilidades básicas, capaz de adaptarse a un mercado diverso y, sobre todo, movible). Lo realmente escandaloso es que tanto la sociedad como el propio Estado hayan claudicado ante estas demandas y hayan dejado que sean estas y sólo estas las que estén hoy en el centro del sistema educativo. Para que la precariedad laboral no provoque turbulencias sociales debe ir de la mano de la precariedad intelectual, de ahí la aversión a los contenidos y saberes por parte de las administraciones educativas. Se trata hoy de formar a consumidores precarios, no lo olvidemos, no a ciudadanos capacitados para comprender el mundo que los rodea. Nos faltaría, sin embargo, un último elemento de esta tríada perversa, esa especie de grasa "sostenible" e indispensable para que todo el mecanismo funcione sin disensiones ni rebeldías: la educación emocional. Educar en la sumisión, en la aceptación, en la felicidad, en la resiliencia, etc., no es otra cosa que la desactivación desde la más tierna infancia del pensamiento crítico y de la capacidad de contestación ante lo injusto. La voz poética así lo dice en el poema "Tablas de multiplicar": *Mi hijo repite / el mantra sistémico, / como letanía de sumisión / que se disfraza sin aviso / de dicha de centro comercial. // Dos por tres, seis. / Dos por cuatro, ocho. // Mientras él va cantando, / yo voy borrando de su cuello / las huellas tenues / de sus primeros yugos.* Porque el objetivo de una escuela debería ser siempre la formación integral del individuo dirigida, a la comprensión del mundo desde el fomento de un pensamiento libre y de unos valores democráticos. Por eso son tan representativos los poemas en donde el yo poético habla del jazz como símbolo de la libertad frente a las imposiciones, sin olvidar que, para poder improvisar y crear, siempre es necesario el conocimiento de la tradición, algo que hoy parece que hemos olvidado: *Para quien fue al conservatorio de niño / y perdió la batalla finalmente / no hay sino odio después al instrumento / o una luminosa puerta oscura / llamada "Jazz". // Una noche la empujé a escondidas; / logré entrar. / Y me bastó la visión de los músicos / [...] Pensé que aquello debía de ser / lo que los mayores llamaban "sexo"* o en "Más jazz" *Canto impredecible, jazz, / luz última, / fogata sobre el cemento de mi calle. // Mariposas sobre los pupitres. / Un lunes con los colegios cerrados.*

Y llegamos al final con "Insularidades: tres folías últimas de la radio local (*bonus track*)", la quinta parte de *El gol de Iniesta y otros éxitos radiofónicos*, compuesta por tres poemas escritos en distintas localizaciones de las Islas Canarias, una de las Comunidades Autónomas en las que más se deja notar el desastre ecológico de la especulación, el zarpazo del turismo y la precariedad laboral. El texto "El sur" lee de la siguiente manera: *Se llega al sur por autopista, / a toda velocidad / para que no duela. // [...] Lenguas extrañas / lagos de cemento / funerales de árboles; / en el sur, todo esto, cada día. / Y al final, migas / de precariedad en las mesas / de las cafeterías.* Tres poemas que funcionan como ajustado colofón a un discurso comprometido de un poeta posicionado frente a las trampas y los cantos de sirena de este capitalismo tardío que arrasa nuestro día a día y, sobre todo, el de nuestros hijos. Es esa condición póstuma de la que habla Marina Garcés (2017), es decir, lo sabemos todo pero no podemos nada porque ya no somos dueños de nuestras condiciones de vida, en manos de multinacionales, élites y poderes tan ubilocados que es imposible visualizar debidamente. *No hay hogar que mitigue / semejante desconsuelo. / Tanta carne cruda sin arraigo. / Ni siquiera el grito del sol / aplaca la sobredosis de intemperie.*

Queda entonces cantar, alzar la voz para derribar los muros. Cantar y resistir o resistir para cantar. Tendrá que ser el lector el que lo decida.

José María García Linares

BIBLIOGRAFÍA

García-Teresa, A. (2013). *Poesía de la conciencia crítica (1987-2011)*. Madrid: Tierradenadie Ediciones

García-Teresa, A. (2017). *El verso por asalto. Poesía, desobediencia y construcción antagonista*. Madrid: Tierradenadie Ediciones.

Garcés, M. (2017). *Nueva ilustración radical*. Barcelona: Anagrama.

Han, B. CH. (2018). *La sociedad del cansancio*. Barcelona: Herder.

Massó Aguadé, X. (2021). *El fin de la educación. La escuela quedejó de ser*. Madrid: Akal.

Méndez Rubio, A. (2017). *¡Suban a bordo! Introducción al fascismo de baja intensidad*. Madrid: Grupo 5.

Perniola, M. (2006). *Contra la comunicación*. Buenos Aires: Amorrortu.

Querol, J. M. (2015). *Postfascismos. El lado oscuro de la democracia*. Madrid: Díaz & Pons.

Villalobos Salas, C. (2020). *Fútbol y fascismo*. Madrid: Altamarea.

Radio Clásica

DE CUANDO LEÍ A ECKHART TOLLE

Hincamos estacas para construir una cabaña,
pero es el espacio interior
lo que la hace habitable

LAO TzU

El ruido como abrigo

Tenemos niños y perros
señalando, con el dedo, la salida;
pero no hay quien sacuda nuestros cuerpos,
ni quien nos saque la estaca de la espalda.
Nadie que nos extirpe tantas voces.

A veces abrazamos el ruido
como quien coge un abrigo:
solo por si refresca,
cuando nos miremos en el espejo.

Firmarle un cheque en blanco a tu asesino,
rebanar el cuello de un jilguero,
mientras llueve dentro de tu casa.

Encender televisores
es apagar todo lo demás.

PÓSIT DE TU YO

El viento peina los océanos
pero también zarandea tu cabaña.

Necesito hablar contigo.
Escúchame.

No habrá paz para ti
mientras te alejes.

Por más duro que sea el puño
del sol que se aproxima a tus dominios.
No habrá paz.

¿No oyes el llanto de un niño?
Sus lágrimas, como ríos, por tu estómago.
Palpa el metal de su almohada.
Eres tú.

Es tu llanto.
Tu ceguera.

Amanece inútilmente tras los riscos.
No fui yo quien te arrancó los ojos.

T. V.

Apretando un botón de madera
se clonan millones de mentes.

Los campos siguen vacíos.

Ruido. Ruido. Ruido. Ruido. Ruido.
Ruido. Ruido. Ruido. Ruido. Ruido.

Las olas escriben un final
en la roca que lleva tu nombre.

Tú, demasiado lejos,
demasiado ruido, tú,

no escuchas.

Campanas mudas,
ciervos desangrándose.
Éxodos rurales
desecando los cauces de los ríos.

Arar en el hueco que tú dejaste.

AVECREM

Para Lydia Mollá Llácer

Abrazas el avecrem
–lingote exquisito del oro perdido–
mientras desprecias la piel de esa hortaliza.

La epidermis es equívoca;
y en la duda gastronómica,
existencial,
o de fe,
llega siempre presurosa
la luz de una multinacional.

"Alegre la mañana
que nos habla de ti",

cantó el comercial.

En mi tórax, una lanza,
y una mueca de dolor
en los pliegues de mis sábanas.
Deambular así, por el domingo.

Mi pecho es un acuario.
Pero nada se mueve
tras los cristales sucios.

Mientras,
mi perra paladea
el botín del sol,
y el silencio de trigo
que yo no merezco.

Lo imposible

En mi cabeza, todo.
Salvo lo que realmente existe.

Diminutos soldados imaginarios
patean las paredes de mi cerebro;
con sus uñas raspan desde dentro
las costras de cal de mi cráneo.

Fundirse con la voz oculta,
usurpar los prados, con la mente.
Reinventar la agonía de las luces
con cada golondrina que se aleja.

Se ha perdido la conexión.
Vuelva a intentarlo más tarde.

Subordinar el canto,
vincular el pan de la alegría,
a que haga sol y no llueva;
a que mañana sea viernes.
Arrastrarnos así,
gusanos mecánicos
dentelleando en el desecho,
deglutiendo kilos y kilos de detrito,
a oscuras, bajo la tierra.

Jamás alzar la vista.

Sucedió exactamente a mediodía,
otra vez,
en tu propia casa:
la antigua danza roja de los hibiscos.
Mientras, tú te quejabas
porque hacía viento.

Tus manos -sin querer- se mimetizan
con los barrotes invisibles de la jaula.

Imposible ya saber
dónde terminan los juicios
y nace la posibilidad de la belleza.

POESÍA Y RIESGO

Centrifugar el poema
al vislumbrar una sombra
es traicionar.

Solo en el salto al vacío
existe la posibilidad de no herirte.

"Los nutrientes de las hortalizas
habitan en sus pieles respectivas", pienso,
mientras pelo una patata.

Con un cuchillo restar vida,
horadar toda esperanza,
reproducir la letanía de los verdugos.

Las pieles mutan ya a desperdicio
como simple adelanto de podredumbre
que se tira sin mirar.

> Todo esto sucede cada día,
> impunemente,
> desde que el ser humano
> se fue a vivir a la ciudad.

Peor que un día triste
es la certeza de un pájaro
cantando,
sin saber;
el dolor de la sombra,
la congoja del cemento.

La ciudad te sorbe el hígado
cuando la pausa del trabajo
supone masticar tus raíces.

Ya nadie escucha el clamor diario,
todo lo llena el estruendo
de los tedios ciudadanos enlazados,
gavilla efímera de vacíos.

COLADAS

Ropa tendida
expuesta en las viejas casas,
de los viejos pueblos.
Banderas de rendición.

Olorosas piñatas,
himnos que se cuelan
entre las sombras de los gatos.
El viento interpreta con sábanas
canciones de cuna y valses.

* * * * * *

En las ciudades
se secan la ropa y los manteles
en patios interiores
o en tendederos chinos
colocados junto a la televisión.

Hola, ¿hay alguien ahí?
¿Hola?

Seguimos esperando respuestas.
Desconocemos si hay vida
más allá de las nubes de cemento.

Ropa tendida,
zarandeo de la muerte
que se vale de la brisa
y en las azoteas canta.

Un olor de cementerio
viene a colarse, en ocasiones,
entre las grietas de un abrazo.

Como luz de pérdida,
al abandonar los parques
de ciudades enfermas,
tras el descenso de las bombas.
A la hora de las sirenas y los gritos.

Derribar muros,
cantar.
Todo vibra.
El roce del aire
        es el badajo del tiempo.
Y la memoria, una enorme campana
forjada de cuerpos gélidos,
de cadáveres antiguos.
Reciclados miedos que resisten
al último cormorán que planea
sobre lo que aún no ha sido recordado.

                Hay un señor que se queja:
                las campanadas de la iglesia
                cada noche le quiebran el sueño.
                Solo quiere dormir.

RADIO 3

OBJETOS PERDIDOS

Hemos nacido para soles más limpios.

Y no dejes de escribir
tu fiebre por las paredes.
Jorge Riechmann

Si te queda tiempo

después

de trabajar
dormir
producir
obedecer
parlotear
codiciar
ansiar
envidiar
criticar
anticipar
recordar

juzgar
almacenar
comprar,

si te queda tiempo:
enciende la luz.

Aunque te duela nacer.

Enciende la luz.

DONALD TRUMP
Y TÚ ANTE EL ESPEJO

Para Leo y Esther

EEUU: una inmigrante latina
votando por Trump
a favor está de deportar
a once millones de inmigrantes.

ESPAÑA: un trabajador en paro,
dice "somos culpables de la crisis".
"Hemos vivido por encima
de nuestras posibilidades", apostilla.

El lobo se frota las manos.

Es de noche.

El gol de Iniesta

Miles de obreros
almorzamos gol de Iniesta
en la pausa del trabajo
durante meses, quizá años.

Nuestros padres comían
goles de Zarra y Marcelino
dejando la azada por un rato.

Jóvenes peones, más tarde,
guardaron en papel de aluminio
goles de Messi y de Cristiano.

Y en el césped crecerá más trigo.
Y botas fabricadas en Tailandia
serán molinos siempre, triturando el grano.
Y gritos como aspersores –siempre–

y saliva fertilizando el córner.
Y saber que nunca
se ha de acabar este partido,
aunque ya hayamos sido derrotados:
el despertador a las siete, cada día,
cantará para que no lo olvides.

Hay panes que no caducan nunca.
Lo saben quienes nos observan
desde arriba,
gin-tonic y palco en el Bernabéu.

Siestas perennes,
revolución insomne;
tiernas maletas en el aeropuerto.

SÁBADOS

No está hecho el hombre para el sábado
sino el sábado para el hombre.

Por eso –y por más cosas–
un centro comercial en sábado
es el último rescoldo
de todo lo que éramos:
caricatura de las alas perdidas,
mueca silenciosa de sepelio.
Macabro rito de aceptación.

El lunes te espera ya, con su sonrisa.

Maratón de alimentos

Bajo los paquetes de arroz y de garbanzos
portados por currantes cabizbajos
con salarios diminutos
mueren otra vez los mismos parias,
aplastados mientras suenan los aplausos.
Caridad como cemento
sobre los nichos de los pobres.

Un delfín varado, en el salón de actos.

"No queremos caridad, sino derechos",
iban a decir.

Entonces el alcalde gritó "¡corten!"
Elevaron aún más la torre de legumbres
y subieron el volumen de la música.

La dignidad no paraba de llorar
sentada en el bordillo de la acera.

Lo llaman sueldo, a la cara.

A tus espaldas,
limosna.

LOS ABDOMINALES
DE CRISTIANO RONALDO

Espejo de la clase obrera,
los abdominales de Cristiano;
los músculos de cada futbolista.
Su coche. Su cuenta. Su peinado.

Opaco tablero de ajedrez,
en él se mira el trabajador.
Reticulada envidia del peón.
Olvidar así que hoy es lunes
y que te deben ya dos nóminas.

"Espejito, espejito,
¿podré pagar la calefacción
y los libros de texto de mis niñas?"

Ronaldo sonríe.
Y escupe –otra vez– sobre el césped.

Solución habitacional

Abre la escotilla de tu casa,
que entre el agua
y podáis miraros a los ojos
mientras se hunde todo lo que sois.

Levanta los brazos.
Con el móvil agarrado
manotea buscando cobertura.
Podría entrar, sí,
        podría llegar
justo ahora
el último mensaje de whatsapp.

HORARIO DE TRABAJO

Horario de trabajo,
cadena de papel
hecha de hierro forjado.
Flexible final de acero
de todas las tardes de domingo.

Punto de partida
de tu partida.

CONTRICIÓN CANARIA
(SOLEDAD DEL MENCEY 2.0)

Dispersa rotondas,
planta semáforos,
oscurece con cemento
la tierra roja que recuerda
el último suspiro
del último volcán.

Soy Coalición Canaria,
te espero en el centro comercial;
llevaré un libro y una flor
para que tú me reconozcas,
porque yo ya no puedo,
yo ya no me reconozco,
ni sé siquiera quién soy
ni qué queda de ti en mis pupilas,
compañero, hermano guanche.

Lo he vendido todo, sí;
tengo pesadillas con Anaga.
Y sueño que un negro sebadal
me arrastra hasta el fondo del océano.

ATENTADO EN BARCELONA

(17 de agosto de 2017)

Trece muertos, que luego fueron más. Dieciséis.

Desolación.

Mientras iba creciendo
el número de muertos
le llegaban odios
y más odios
y orgullo disfrazado de odio
–politonos de venganza–
al teléfono móvil:
y no hubo de pronto espacio
para nada más en la memoria.

Y se hizo de noche.

Otra vez.
A día de hoy
–según nos informan–
aún no ha amanecido.

LA SONRISA DEL DELFÍN

En memoria de Ula, cría de orca cautiva en
Loro Parque, que murió el 11 de agosto de 2021

No existe tal sonrisa en un delfín,
cuando cautivo te observa en la piscina.

Tampoco la dependienta perfumada
—ocho horas sonriendo cada día—
piensa que eres especial.

Que celebres ver los bares llenos
diciendo "no sé dónde está la crisis"
no difumina el gris real de las familias,
ni llena las neveras del país.

Da miedo, el capitalismo;
aprendimos a rehuirle la mirada.

No recordamos ya cómo era el bosque,
ni nos lastima la visión del páramo,
vacío,

cercando el perímetro de nuestra casa.

Autoconstrucción

Collage de cicatrices
código interno de los pueblos,
signos enlazando generaciones.

No se planifica el techo
cuando llueve,
las paredes llegan
hasta donde alcance el pan.

Lamentar las hechuras de una casa,
cuestionar la mesa familiar
y el camino hacia la chimenea.
Despreciar el abrigo de la brasas,
achacar a las manos campesinas
la fealdad del paisaje.
Claudicar por toneladas de cemento
y la homogeneidad gris de las fachadas.

Por un centro comercial junto a tu casa
maldecir las mantas,
y los ladrillos amarillos
sobre los que caminas, altivo.

Cuidado, podrías caerte.

AEROPUERTOS

Nos gustan los aeropuertos,
al tiempo que nos sobrecogen
sus pistas de despegue y aterrizaje.

Nos agrada la sensación de abismo,
intuir que hay oxígeno allá afuera,
que hay libertad, sí, allá afuera,
en otro sitio,
en otra vida;
pero miramos también de reojo
siempre a la barandilla.
Perdemos aviones y trenes a propósito.
Nos amarramos al miedo,
con una excusa preparada
por cada puerta de embarque que se cierra.
No llegar a adquirir nunca el pasaje
es garantía de pasto siempre que rumiar.

Somos seres libres,
permanentemente libres en potencia.
Aviones varados.
Relucientes en decrépitos hangares.

La promesa reiterada de un alcohólico
que ya ni él logra creerse.

DE RADICALES

Los radicales están mal vistos por el amo.

El amo los teme,
y los señala
con los dedos que le prestan
los compañeros de los propios radicales,
trabajadores de bien, que él acaricia.

De tantos dedos entregados
no queda nadie ya que pueda
dar una sonora palmada
que logre despertar a la masa.

Se vende piano casi nuevo,
por falta de uso.

Razón: la fábrica.

CALLES VACÍAS

(canto obrero para un
final de capítulo)

Yo acuso
tú acusas
él acusa
nosotros acusamos
vosotros acusáis
ellos se descojonan.

Los Cuarenta Principales

Ensalada tibia de centrismo sobre lecho de clase obrera (*intermezzo alla breve*)

Soy partidista, estoy vivo

Antonio Gramsci

SERES DE CENTRO

El centro, la límpida verdad,
ánfora magnífica latiendo
bajo aguas muertas
de revoluciones que no fueron.

La belleza, en el centro;
la virtud en el punto medio.
En el medio, la raya
del pelo y la moral.

Ni frío ni calor
no subas la música
no te salgas de la fila
no molestes
cómete el puré
da siempre los buenos días.

Y ponte la chaqueta;
hace frío en la casa
de quien no puede pagar la luz.

Sonríe.
Consensúa.
Pacta.
Abrígate bien.

                    Y escóndete:
                    que no te vea tu pasado.

                    Hazte el muerto.

DE ÁRBOLES Y TIBIEZA

Cree el ser que reside en la tibieza
que una sombra le ampara y le cobija.
Ignora la honestidad de todo árbol,
el inquebrantable compromiso de la madera;
el posicionamiento antiguo,
allá donde la tierra se expone
para que el agua de la lluvia la fecunde.

Olvida el tibio que los árboles
son cristales de entrega limpia
que –en la comodidad de lo templado–
él reserva.

Agua estancada mece su cuerpo.

RESIDENCIA "EL CENTRO"

Abdicación sin dolor, el centro.

Precoz senectud
–ya desde los cuarenta se puede–
ni niegas ni reniegas
ni izquierdas ni derechas
y tú lo llamarás "evolución".
Conciencia tranquila
el café ni frío ni caliente,
que se pueda beber;
no sea que me quede en silencio
esperando a que se enfríe,
observando a los parados
entrar y salir del bar
y me dé -entonces- por recordar
que una vez fui incendio
y escribía poemas en las paredes.

DE LA POESÍA Y EL COMPROMISO (CUENTO)

Para Antonio Orihuela y para
todas las "Voces del Extremo"

El poeta maduró.
Abandonó el compromiso:
se mudó al terreno dulce
de la neutralidad post-moderna
y se compró *El País semanal*.

Pero volvió a llover
como cada tarde
y no pudo evitar mojarse.

Vio entonces a un ejército
de poetas empapados.
Tiritando de frío.
El gallo cantó tres veces.
Porque no hay poeta inocente
ni marquesinas a tu alcance
cuando empuñas un bolígrafo.

Por eso conviene que te preguntes
sobre qué campos caen tus versos;
qué terreno estás regando con tu tinta.

Escribir poemas es activar la lluvia
y no llevar nunca paraguas.

M80 RADIO

NIÑOS Y NIÑAS, SEÑORAS Y SEÑORES

Decir adiós quiere decir tan poco.
Adiós dijimos a la infancia
y vino detrás nuestro como un perro
rastreando nuestros pasos.

Francisca Aguirre

Al hervir verduras
escapan por un mínimo resquicio
árboles genealógicos enteros.

La cocina se llena de voces.

¿A qué mano adulta agarrarse?

No sueltes aún el cuchillo.

Mañana de lunes

Tu hijo al colegio, tú a la oficina.

Él ha olvidado su merienda.
Tú, el modo de escapar.

REDES SOCIALES

Nadie cuestiona ya la ausencia
de redes en cada portería,
en cada canasta,
de casi todos los colegios públicos.

Hijos de clase obrera
discutiendo
si fue gol o no lo fue;
si encestó o no,
la hija del camarero.
Sin redes, no se sabe;
y nacen la duda y el conflicto.

Hoy, tiernos gladiadores de patio,
precaristas en potencia,
aprendiendo a pelear con el de al lado;
mañana, trabajadores arrojados
al tatami del libre mercado.

Codazo. Codazo. Codazo.
Mientras pugnan, bueyes ciegos,
por un salario en miniatura
y por un sábado libre al mes,
no se preguntan jamás
quién les robó las redes,
transformando en adversaria
a su querida compañera de clase.

Sobre las mismas urnas
que les dieron las victorias,
ellos, sí, ocultos,
ladrones de redes
de los colegios públicos,
contemplando los restos de la batalla.
Gritos de becarios agonizantes,
sangre entre los yelmos,
reiterada niebla en la colina.

Suena la sirena.
Se acabó el recreo.
Bajen la cabeza.

PLÁSTICO E HIJOS

(Playa del Porís, Tenerife.
Agosto de 2017)

Tú dale al mar bolsas de plástico,
él te devolverá los navajazos;
minúsculos pedazos de veneno
alojados en la tripa de los peces
para que tú te los comas.

Quizá la venganza sea en verano:
briznas tóxicas de todos los colores,
macabro confeti adornando
todos tus paseos por la playa.

Todo occidente estará de resaca.
Cuando tu hijo toque a la puerta
ya habrán quitado la música.
Alguien le dirá que eche una mano
y se ponga a recoger nuestra basura
por un sueldo de miseria.

Enjoyadas señoras –entre tanto–
cogerán sus abrigos de pieles
del perchero,
entre risas.

Mientras llega la policía

-o la muerte-

mira,

tu hijo,

que haga algo.

DE CONSERVATORIOS Y JAZZ

Para quien fue al conservatorio de niño
y perdió la batalla finalmente
no hay sino odio después al instrumento
o una luminosa puerta oscura
llamada "jazz".

Una noche la empujé a escondidas;
logré entrar.
Y me bastó la visión de los músicos
sonriendo en la caricia sudorosa
de los trastes y las teclas.
Palpando la carne, ojos cerrados,
bailando alrededor de una hoguera
hecha con mis propias partituras;
bastó la visión de aquel rayo
para el primer cortocircuito de mi infancia.

Pensé que aquello debía de ser
lo que los mayores llamaban "sexo".

* * * * * *

Cuando supieron en casa
que el jazz era hermano de la noche
cerraron con llave aquella puerta.

Chopin estaba enfermo.
Yo, desde entonces, también.

Para José Luis Heredia Agoiz

Las escuelas públicas
son niñas huérfanas
y las grietas de sus patios
huellas del cuchillo liberal.

TABLAS DE MULTIPLICAR

Dos por uno, dos.
Dos por dos, cuatro.

Mi hijo repite
el mantra sistémico,
como letanía de sumisión
que se disfraza sin aviso
de dicha de centro comercial.

Dos por tres, seis.
Dos por cuatro, ocho.

Mientras él va cantando,
yo voy borrando de su cuello
las huellas tenues
de sus primeros yugos.

Dos por cinco, diez.
Dos por seis, doce.

Pero yo mismo
cuando acabe su jornada,
luciendo un collar dorado
bien atado a mi nuca,
con mis propias manos, sí,
lo sentaré ante la televisión.
En la primera fila de bancos
de este inmenso polígono industrial.

¡Qué absurdo pensar que nuestros hijos
serán menos esclavos que nosotros!
Mientras sigan las pantallas encendidas
tampoco oirán el canto de las gaviotas
y heredarán nuestros órganos amputados.

Dos por siete, catorce.
Dos por ocho, dieciséis.

Y llegará la muerte, sí.
Aunque no quieras hablarle de ello.

Dos por nueve, dieciocho.
Dos por diez, veinte.

MANUALIDADES

Si me estallase dentro el alarido
perenne que me ulcera cada día,
cada noche,
no quedaría de mi piel
sino un haz de metálicas virutas
sobre un remoto pupitre;
el lacerante recuerdo del verano.
Una montaña de hojas secas
abandonada en la orilla de un río.

Soy solo las tijeras de plástico
de un chiquillo que se afana
en recortar las nubes que lo cercan.

Como a un junco seco,
el viento te quiebra sin esfuerzo.

A tu espalda, heridas
de un niño que juega ajeno
a la sangre que le brota
de las rodillas,
en cada parque,
desde cada adulto.

En ciertos días,
ocultar el llanto bajo una manta
es pretender taponar con agua
la herida abierta de un árbol.

Abrir en canal el pecho
de una araña,
con el lápiz sin punta de tu hijo.

VUELTA AL COLE

(september song)

No quieres que acabe el verano,
te duele que mengüe cada día
la limosna de tus vacaciones.

Pero a tu hija la pondrás dentro del cesto
un lunes cualquiera de septiembre;
en ese cesto, de donde cogen los esclavos,
se mantendrá fresca por más tiempo.

Cuando madure y la coloquen en la mesa,
dentro unos cuantos años,
convertida ya en becaria sonriente,
quizá no le den ni vacaciones.
No tendrá, como tú, que contar
con pena los días que le quedan
para volver al trabajo;
Así su vida será más fácil.

Y su correa aún más corta que la tuya.

DOS FORMAS DE
JUGAR CON TU HIJO

Hay dos formas,
solo dos formas,
de jugar con tu hijo.

Respirando
–en estado de presencia–
o con la cabeza ardiendo,
gestando neurosis,
ametrallando el silencio.

Tu ruido te aleja de sus manos,
te roba el hijo
y la costumbre del amor
arrojándote fuera de su paraíso;
cuando él crezca
ya no podrás volver a entrar.
Los dos habréis perdido la llave
y la última oportunidad del abrazo.

Tú, mutilado de troncos
donde sentarte, entonces,
al clavarte las astillas
del tedio urbano
y las distancias,
tú,

llorarás.

DISCUSIÓN DE TRÁFICO

Gritos,
pavimento mojado,
antorchas de testosterona
por el barranco desbocada
camino de un océano de sangre.

Míralos: son dos niños
asustados,
repitiendo curso
repitiendo cuerpo
repitiendo tierra.

Les une la dilación de las caricias
y señales de peligro que no vieron.

LA TAREA

Cuando llamo a mi hijo
para que haga la tarea
reaparece un silencio de bestias
y hay una alegría artificial
de fábrica de extrarradio,
un negro júbilo de bazar chino
aleteando por el salón de casa.

No acaba este invierno que es la infancia;
y al flamboyán de mi terraza
ya no le quedan flores.

GRANDES FELINOS Y EL
PAYASO DE MCDONALD'S

Un cumpleaños infantil
en el centro comercial,
como lago en mitad de la sabana.
Criaturas suspendidas
de un hilo musical
que va tapiando sus mentes,
necrosando la pureza.
A martillazos sobre sus oídos.

Los leones acechan en silencio
tras los colores de la torre
que forman los regalos de un cachorro.

Una alambrada invisible
tejida con olor de mil perfumes
frustrará cualquier intento de huida.
Y al final sangre de cebras
en las escaleras mecánicas.

MÁS JAZZ

Canto impredecible, jazz,
luz última,
fogata sobre el cemento de mi calle.

Mariposas sobre los pupitres.
Un lunes con los colegios cerrados.

Visualizar la silueta de un niño
que en el último instante saltó.

Aunque sea ya tarde para huir
resta bajar la cabeza,
abrazarlo,
envolver con caricias sus preguntas,
en pie resistir, estoico,
el obsceno reproche de la brisa
mientras él te susurra en el oído:
Fly me to the moon.

ANTÁRTIDA

Airoso, erguido,
en el blanco descampado.

Bajo mis pies
grietas
dispersas,
arrugas en un folio infinito,
surcos que crea el olvido.
Arañazos congelados en la nieve,
sombras desgastando mis huesos,
lamiendo mi alegría
llamándome al abismo.

Pero entonces suena una sirena:
mi hijo sale del colegio.
Corre hacia mí,
me abraza,

y otra pieza de otro glaciar
se desgaja, torpemente.

Estamos más cerca de extinguirnos.
No siento frío.
Estoy vivo.

INSULARIDADES

TRES FOLÍAS ÚLTIMAS DE LA RADIO LOCAL (*BONUS TRACK*)

Los pedazos señalan
miles de soledades
que gritan desde dentro.
Cecilia Domínguez Luis

ESTADO DEL BIENESTAR

(Puerto de San Sebastián de
La Gomera. Enero de 2017)

Agitación de peces pugnando
por un pedazo de pan.
Fiebre antigua guiando
frenéticamente sus aletas.

Libre competencia para la lucha.
Líquido estado de bienestar.
En la memoria de los peces
tampoco caben antiguos derechos.

Ninguno se comerá ese mendrugo;
entre todos lo alejan sin querer.
Obvian así la posibilidad del tsunami,
cuando todos los peces del planeta
se golpeen a la vez contra el cristal
de cada acuario.
De cada oficina.

Boquear después, sí,
que se resequen tus vísceras,
y se queden pegadas al asfalto.
Que te acribille un mal rayo de sol.
Dignamente morir.

En tiempos pasados
niños y niñas
observaban en los puertos
la onda expansiva que dejaban
sobre todas las aguas del mundo
las piedras rebeldes de la coherencia.

El sur

(Los Cristianos, Tenerife.

Marzo de 2017)

Se llega al sur por autopista,
a toda velocidad
para que no duela.

El peregrino va pagando con raíces
los kilómetros que deja atrás.

Lenguas extrañas
lagos de cemento
funerales de árboles;
en el sur, todo esto, cada día.
Y al final, migas
de precariedad en las mesas
de las cafeterías.

Un desamparo inédito me acecha
en este imperio de luces de neón.

Cinco heladas estrellas
delimitan la superficie de mi exilio.

Bienvenido al sur;
aquí tu casa existe
solamente en un dibujo
cuando una niña alemana te la pinta.

No hay hogar que mitigue
semejante desconsuelo.
Tanta carne cruda sin arraigo.
Ni siquiera el grito del sol
aplaca la sobredosis de intemperie.

Run.

Run.

ISLA DE EL HIERRO

A cada recodo
su océano;
el mismo muro azul
que te despierta
es la única salida.

La cárcel es azul
pero tu hotel –allá en lo alto–
luce verdes oquedades de otro tiempo.

Los cernícalos indican
el lugar donde todo es precipicio.

"El fin del mundo", dicen.

Demasiada verdad.
Demasiados espejos.

Y así llega el taxi al aeropuerto.
No olviden sus efectos personales.

Índice